LES QUESTIONS

DE

DROIT MARITIME

AU CONGRÈS DE NAPLES

PAR

Rgne ASSENSIO

Consul d'Italie au Havre

HAVRE
IMPRIMERIE LEPELLETIER
1871

A chaque pas un progrès : la civilisation européenne aujourd'hui en est là, grâce aux forces réunies des peuples, qui commencent à peine à vivre ensemble d'une vie de famille. — Le génie de la science les a rapprochés par la vapeur et l'électricité ; l'échange de leurs produits est la source principale de leur prospérité ; l'abaissement des barrières entre eux les a initiés à la vie sociale et civile de chacun, et partout où l'on se trouve, d'un côté ou de l'autre, non pas d'une rivière ou d'une montagne, mais de l'Atlantique ou de l'Equateur, on est appelé à partager les mêmes idées, la même vie, à ressentir les mêmes sympathies, à vivre presque sous la même loi. — Là est la civilisation, et elle serait aujourd'hui presque complète si on pouvait à jamais bannir la guerre, qui est comme l'éclipse de cette lumière splendide.

Le Droit, cette affirmation de la justice, a fini, malgré tant d'obstacles, par devenir l'élément dominant dans la vie des nations civilisées ; il n'est plus l'élucubration des philosophes et des théoriciens, il n'est plus soumis à la volonté arbitraire du conquérant ou du législateur, il est devenu une vérité, il s'est enraciné dans la conscience universelle et ne reçoit sa véritable sanction que de cette nouvelle grande puissance qui s'appelle l'opinion publique.

Ce sentiment qui anime les masses, et dont la base fondamentale est le bon sens perfectionné par l'instruction, est un courant qui renverse les préjugés, les violences, les abus, et qui, franchissant les barrières, se mêle à d'autres flots pour former cet océan qu'on appelle la conscience universelle. — C'est le grand niveleur de ce siècle, et nous y obéissons en portant partout cette uniformité qu'il commande, poids et mesures, mœurs et lois. La civilisation du XIXe siècle est marquée à ce coin, preuve irréfragable de la communauté des sentiments, des besoins et des intérêts des nations sœurs. On peut même dire que nos codes n'ont aujourd'hui entr'eux d'autre différence que celle de la langue dans laquelle ils sont rédigés. La territorialité des lois pénales est corrigée par l'extradition, les litiges aplanis par les traités, les rapports des nations rendus faciles et corrects par l'uniformité des lois de commerce.

Cette uniformité, cependant, n'amoindrit en rien la souveraineté de chaque pays, et l'autonomie nécessaire à chaque peuple sert de balance entre les théories exagérées et impraticables et les intérêts bien entendus de chaque société. La législation territoriale est donc presque complète ; elle comprend, elle envahit tout sur la terre, car la terre entière est réclamée par l'homme ; mais la mer !... la mer, gouffre et solitude, éternelle prison de l'homme sauvage, grande route et champ d'industrie des nations civilisées, elle est le vrai thermomètre du progrès humain. C'est du moment où l'homme a dominé la mer que son humanité a pour ainsi dire accompli son évolution. Dans l'intérêt des peuples il est nécessaire de former une législation maritime complète. Là où les lois territoriales n'intéressent qu'une nation, les lois maritimes s'attachent à la communauté des peuples ; elles doivent donc être l'œuvre collective de l'humanité.

Au congrès maritime convoqué à Naples par le Régénérateur de l'Italie, à l'aurore de l'indépendance de ce beau pays, près du berceau de la civilisation latine, puisse l'œuvre cosmopolite trouver un terrain favorable pour la solution des questions de droit maritime. Rappelons-nous que c'est de cette même plage que, dans la nuit de la barbarie qui succéda à la civilisation romaine, l'aiguille aimantée fixa la première fois l'étoile polaire et la rendit à jamais le phare constant de la grande navigation.

Que ce souvenir soit de bon augure aux travaux du congrès, que celui-ci fasse briller de l'éclat de la vérité universelle les principes libéraux que l'humanité réclame pour le respect de la propriété, pour la liberté du commerce, pour la paix du monde, car les vérités qu'on discute dans un congrès ne sont plus la loi de ce jour, mais le progrès de demain.

Havre, 20 Mai 1871.

PREMIÈRE QUESTION

Territorialité des Navires

Le principe qui reconnaît dans le bâtiment une continuité du territoire de la nation dont il porte le pavillon doit-il s'étendre aux bâtiments de commerce, soit que ces bâtiments se trouvent en pleine mer, soit qu'ils se trouvent dans les eaux voisines des côtes et dans les ports même des nationalités étrangères ?

I.

Le principe qui reconnaît dans le bâtiment une continuité du territoire de la nation dont il porte le pavillon est-il avant tout basé sur une vérité, un usage ou une fiction ?

Si la question qui nous occupe est encore débattue, cela prouve de deux choses l'une : ou que la vérité n'en est pas encore reconnue, ou bien que l'usage en forme la seule et unique base, en sorte qu'il ne s'agit plus d'un principe de justice, mais d'un principe de convention.

Peut-être en examinant les deux points en contact, le navire et le territoire, arriverons-nous à préciser la question, mais nous ne pourrons la décider qu'à l'aide d'un principe plus élevé qui les régit tous les deux ; qui n'est autre que le droit.

Et d'abord qu'est-ce qu'un bâtiment ? une propriété mobilière, dit le code de commerce. Nous parlons surtout des navires de commerce, mettant pour le moment de côté ceux de guerre. — Or, une propriété mobilière et mobile ne pourrait être la continuation du territoire du pays, et le principe en question n'est qu'une simple métaphore ; que quelques hommes dans un navire, jouet des flots sur l'immensité de l'océan, qui lui-même n'est assujetti à aucune puissance, se sentent rattachés à leur patrie par la composition de leur société, par les intérêts du but qu'ils poursuivent, par la loi qui les réclame en cas d'infraction ; à ce point de vue, ils sentent, et nous admettons qu'ils voient dans leur navire en quelque sorte la continuation du territoire de leur pays.

En effet, ils ne se trouveraient pas dans ces conditions si la loi de leur pays n'avait pas constitué leur société, enregistré à un port leur navire, désigné collectivement et individuellement leurs personnes dans un rôle d'équipage, attaché au mât les couleurs nationales. — A ces conditions la même loi les suit et les réclame partout, et partout elle leur doit protection. — Voilà le lien d'attache entre ces hommes et leurs pays ; sans cela ils n'en feraient point partie pas plus que le bois de leur navire ne fait partie de la forêt d'où il a été tiré.

En pleine mer, sur cette grande route des nations, où il n'y a d'autre droit que le droit international, les navires sont considérés comme autant d'individus collectifs qui agissent sous une loi de conservation. Pour eux le navire est leur pays; l'autorité, les lois, la discipline celles de leur patrie : cependant le navire est bien leur propriété, mais il n'est pas le territoire de leur pays. Tout ce qui se produit à bord tombe sous la juridiction du pays d'origine ; mais l'enfant qui naît à bord peut-il se réclamer de ce territoire mobile pour adopter une nationalité différente de celle de ses parents (1) ?

---

(1) V. Heffter. — Droit intern. public. — Vol. 1, § 78.

Cette question, qui est posée sans être résolue par Heffter, est une des plus importantes. Pour aider à sa solution, nous pouvons suggérer les

En pleine mer un navire marchand n'est à considérer comme la continuation du territoire de son pays que parce qu'il ne se trouve sur le territoire de personne ; le principe n'est donc qu'une fiction admise pour constater que l'autorité à bord est celle du pays d'origine, que le groupe d'individus qui y est embarqué forme une société autorisée, et que plutôt que d'être sans loi aucune, il est placé sous celle de la patrie.

Nous voilà donc arrivés à cette conclusion que toute société doit être régie, partout où elle se trouve, par des principes de la justice absolue, laquelle préside aux rapports qui unissent entr'eux les individus qui la composent, limite et règle les droits de ces derniers, juge leurs différends, et dont la stricte observation est une nécessité autant qu'une garantie de son existence. Le premier de ces principes est qu'il faut que le crime soit puni ; le second que la justiec doit être supérieure à tout rang, à toute condition et ne souffrir aucune exception ; enfin la troisième est que la liberté de chacun ne doit être restreinte, qu'en tant qu'elle blesse celle d'un autre. Ces principes, qui sont la base de toute société, qui conservent la paix et font la prospérité

---

considérations suivantes : 1° Un enfant né à bord d'un navire, en pleine mer, de parents sujets de l'Etat dont le vaisseau est ressortissant est censé être né sur le territoire national ; 2° Un enfant né à bord du même navire, de parents étrangers, ne peut pas réclamer la nationalité du pavillon ; 3° Selon les lois anglaises, il le pourrait, si le navire se trouvait dans les eaux territoriales ; 4° Selon l'esprit de la loi, la faculté donné au fils d'un étranger, né sur le territoire de l'Etat, d'en réclamer la nationalité est basée sur l'hypothèse que ses parents ou lui-même en ont fait le choix. En effet, comme ils y ont émigré, qu'ils en ont subi les charges, qu'ils y ont établi leur industrie, il devient naturel que leur fils soit admis à participer de la nationalité ; 5° Le navire en pleine mer n'est pas un lieu de résidence, mais un moyen de transport ; 6° L'enfant né à bord suit les conditions de ses parents ; 7° L'acte de naissance dressé à bord et enregistré à l'état-civil d'un port étranger ne fait que remplir les conditions du principe *Locus regit actum* mais ne confère aucun droit à la nationalité.

des nations les mieux ordonnées, sont tellement nécessaires, tellement absolus qu'à défaut de tout contrat spécial ils pourraient tenir lieu de code primitif à une société en mer. Nous disons hypothétiquement à défaut d'un contrat spécial : nous ajouterons qu'en fait, le contrat spécial ne manque jamais ; car c'est un contrat qui a lié ces hommes ensemble dès la construction du navire jusqu'à la constitution de son équipage, et tant que ce navire roulera sur les vagues, d'un bout du monde à l'autre — il se trouvera sous l'empire de la loi : *lex loci contractus.*

Voilà l'axiome de droit qui est l'explication véritable du principe, qui régit le navire en pleine mer aussi bien qu'en qu'en mer territoriale. Et cela est tellement vrai, qu'en passant du navire au territoire, nous le trouvons régi par le même principe. Ainsi le principe qu'il faut que le crime soit puni, et le principe que la justice n'admet aucune exception sont les conditions essentielles de toute souveraineté.

Or, il n'y a pas de souveraineté sans pouvoir justicier et celui-ci doit être illimité et entier ; d'où découle l'axiome que la justice pénale est territoriale. Il en résulte que si le navire de commerce était la continuation du territoire de son pays il se trouverait, en entrant dans les eaux territoriales d'un autre, avoir, par ce fait, empiété sur la souveraineté de ce dernier ; car la mer territoriale est aussi censée être la continuation du pays qu'elle limite, et par des raisons bien autrement légitimes : d'abord parce qu'elle est la continuation réelle du pays ; ensuite parce qu'elle est indispensable à la sûreté de ce dernier, qui la frappe d'une servitude nécessaire ; enfin, et c'est la raison principale, parce qu'elle peut être protégée efficacement par le canon : *Ubi finitur armorum vis.*

A la fiction de la « continuation du territoire » est venue, soutenue surtout par les jurisconsultes français, se joindre la fiction de « l'exterritorialité » Or qu'est-ce que l'exterritorialité ? C'est l'immunité de toute souveraineté sur le territoire d'un souverain ; c'est le droit *domum revocandi* pour toute infraction des lois sur ce territoire ; c'est une immunité accordée seulement *honoris causa*; c'est enfin un *imperium in imperio*. Si vous la limitez, vous la détruisez. Or la mer territoriale est la souveraineté du pays sur les eaux limitrophes ; donc s'il y a exterritorialité pour le navire, il n'y a plus de mer territoriale.

II.

Le principe que le bâtiment de commerce est la *continuation du territoire de son pays dans les eaux territoriales d'un autre* ne nous parait donc pas admissible ni au point de vue de la raison, ni au point de vue de l'utilité, ni même au point de vue de la pratique.

Il n'est pas admissible au point de vue de la raison, car il est basé sur une fiction, comme nous venons de le voir. Il n'est pas admissible au point de vue de l'utilité, car notre civilisation étant régie presque partout par les mêmes lois et rencontrant partout les plus larges garanties pour l'administration impartiale de la justice, il devient inutile d'aller chercher des formules ou des fictions pour octroyer des privilèges à des navires marchands qui ne réclament aujourd'hui, pour le commerce, qu'une seule chose, la liberté. N'ayant d'autre but que la spéculation, ils ne sauraient avoir des privilèges plus amples que ceux qui s'attachent au respect de la propriété. Or le navire est sujet à être séquestré, confisqué, vendu, opérations qui s'accordent fort mal avec l'idée de la continuité territoriale. Il n'est pas plus admissible au point de vue de la pratique, car nous voyons que cette fiction est réduite à très peu de chose par la justice pénale de tous les pays.

En effet, outre le corps du navire qui n'est qu'une propriété mobilière, il y a l'équipage ; — et puisque tout étranger doit être porteur d'un passeport qui déclare sa nationalité, l'équipage, qui est une personnalité collective ou société approuvée par l'Etat, auquel le navire appartient et qui a une mission déclarée, est porteur d'un rôle d'équipage qui est son passeport. Cet équipage forme une espèce de colonie passagère placée sous l'autorité de sa loi d'origine ; il doit respecter pourtant la souveraineté du pays qui lui donne l'hospitalité, et à cette condition sa liberté, sa constitution, son territoire, sa personnalité seront respectés et garantis par les lois de ce même pays, qui lui prêtera même toute aide et protection. Cette société, outre les lois de commerce qui se rapportent à ses intérêts, est donc soumise à deux législation pénales :

A celle de son pays pour toutes les questions qui se rattachent à sa constitution. *Lex loci contractus.*

A la législation du territoire sur lequel il se trouve, pour tout crime ou délit commis à terre ou envers un habitant du pays. — *Locus regit actum.*

Ainsi donc, d'après la jurisprudence française admise jusqu'à ce jour, il y a lieu pour la justice locale de juger : premièrement les actes *externes*, c'est-à-dire commis à terre par un homme de l'équipage ; secondement les actes *internes*, c'est-à-dire commis à bord, en tant qu'ils troublent la tranquillité du port ou blessent les intérêts de la justice locale.

Enumérons tous les actes de l'une comme de l'autre catégorie, ce sont :

1° Tout crime commis à bord d'un navire en pleine mer, si le coupable est sujet du pays, s'il ne fait pas partie de l'équipage, et toutes les fois que le capitaine ou la partie lésée en fera la demande (1) ;

---

(1) Si les tribunaux déclarent leur incompétence pour les délits commis en pleine mer sur un navire étranger, ce n'est pas qu'ils reconnaissent dans ce navire la continuation du territoire de l'Etat dont il porte le

2° Tout crime, délit ou contravention commise dans le port par tout homme de l'équipage ;

3° Tout homicide commis à bord et dans le port par un homme de l'équipage contre un autre homme du même équipage ;

4° Tout crime, délit ou contravention commis à bord et dans le port contre un habitant du pays ;

5° Tout acte commis à bord qui trouble la tranquillité du port.

Au contraire, sont soustraits à la juridiction locale :

1° Tout acte punissable, mais ne constituant pas un crime et ne troublant pas la tranquillité du port, commis à bord où à terre par un homme de l'équipage ;

2° Toute affaire de discipline, de contrat, tout différend entre les personnes de l'équipage.

Ces deux espèces d'actes sont réservées exclusivement à l'appréciation des juges naturels, notamment des Consuls

Nous avons vu, par cette énumération d'actes internes et externes, qu'ils embrassent toute action pénale et qu'ils sont régis non par la fiction de la continuité territoriale, mais par les deux principes : *Locus regit actum* : *Lex loci contractus.*

---

pavillon, mais c'est par respect de cet autre principe énoncé plus haut, savoir : que la justice pénale est territoriale. Ce dernier aphorisme est entendu en double sens : 1° dans le sens que la justice d'un Etat est saisie pour tout délit commis par tout individu se trouvant sur son territoire ; 2° dans le sens qu'elle refuse son action pour tout délit commis en dehors du territoire.

Mais si la justice pénale est territoriale, elle est aussi personnelle en plusieurs cas ; et le régnicole qui s'est rendu coupable sur un navire étranger, en pleine mer, peut être amené devant ses juges naturels.

III.

Après l'examen de tous ces cas de rapports entre le navire et la souveraineté des eaux dans lesquelles il se trouve, on peut se demander ce qu'il lui reste encore de droit et de privilège pour être considéré comme la prorogation du territoire de son pays.

Absolument rien, si ce n'est la réserve faite aux Consuls de juger toute question de discipline et d'être les seuls arbitres de la police de bord, de juger les différends entre les personnes de l'équipage, et puis le privilège d'être considéré comme un domicile étranger où l'on ne peut pénétrer qu'avec la permission consulaire. Voilà à quoi, en réalité, se réduit le principe de « la continuation territoriale. »

Il y a eu un temps où l'admission d'un navire dans les eaux d'un Etat étranger était presque un privilège, où les Consuls étaient seuls juges de tout litige entre leurs nationaux ; et un exemple nous en reste dans les capitulations avec l'empire Ottoman.

Mais aujourd'hui que le cercle du commerce embrasse la terre entière, que code, magistrature, usages, dirai-je le langage même, est partout entendu de la même manière ; que les navires étrangers, dans les ports mêmes où il ne trouvent pas de représentant de leur nation, ne souffrent aucunement dans leurs relations ; aujourd'hui que les nations resserrent de plus en plus leurs liens et simplifient leurs rapports, serait-ce le moment de revenir en arrière, d'admettre encore des privilèges là où le droit commun est assez respecté et garanti ? Serait-il rationnel, aujourd'hui, de réclamer pour le navire de commerce un privilège purement fictif ? Serait-il rationnel de le considérer comme la suite du territoire de son pays, lorsque ce navire peut être séquestré, confisqué, vendu en temps de paix, et qu'en temps de guèrre il peut subir l'embargo, la capture, l'expropriation forcée, être coulé même dans la rivière, comme dernièrement des navires anglais l'ont été par les Allemands à Duclair ?

Comment serait-il la continuation du territoire de son pays quand, dès son arrivée dans un port étranger, il est soumis à toutes les lois de santé, de sûreté, de police et à tous les réglements du port ; lorsque son équipage est soumis, pour toute infraction commise sur terre, aux lois locales ?

Non ! le commerce aujourd'hui a besoin de la liberté et non du privilège ; il lui faut des garanties d'uniformité et non des exceptions ; une protection efficace de l'ordre et des intérêts de chacun et non de prétexte d'incompétence, de la promptitude dans l'expédition des affaires et non des longueurs et des ajournements judiciaires. — Est-ce que l'Etat serait plus jaloux ? L'Etat auquel le navire appartient, comme celui qui le reçoit dans ses ports, n'a qu'un seul intérêt : que le crime soit puni. Et à cet effet quel est le meilleur juge ? Evidemment celui qui est présent et qui doit protéger l'ordre ; plutôt que l'autre qui ne pourra recueillir qu'après un long espace de temps les pièces de procédure faites dans un autre pays, et sera souvent embarrassé à cause de la distance des lieux et de la longueur du temps qui s'est écoulé entre l'action et le jugement.

En résumé, il ne peut résulter de la fiction en question nul avantage ni pour le navire, ni pour l'Etat auquel le navire appartient, ni pour l'Etat dans les eaux duquel le navire se trouve.

IV.

En nous faisant l'adversaire d'un principe qui a été admis par la jurisprudence française et soutenu par les principaux publicistes, nous ne méconnaisons pas la difficulté de renverser cet édifice solidement assis sur la la base du privilège. — Mais pour peu que nous parvenions à l'ébranler nous rendrons un service non seulement à la justice, en remettant à leur place les droits et les devoirs, en simplifiant la jurisprudence de privilèges et de conventions, mais encore à la science, en rétablissant une vérité qui avait été déguisée avec un grand talent.

Outre les publicistes français, des auteurs de la plus grande autorité se sont faits les défenseurs du principe que nous combattons.

Hübner admet la territorialité du navire pour servir sa thèse du droit des neutres; Lampredi, tout en soutenant le même droit, combat le principe de territorialité ; Hautefeuille, en reconnaissant l'importance de cette question, suit l'opinion de Hübner ; Azuni et Ortolan soutiennent l'opinion contraire. Heffter dit : « les navires d'une nation naviguant sur la haute mer sont regardés comme des portions flottantes de son pays, ou pour nous servir de l'expression des jurisconsultes français, comme la continuation ou la prorogation du territoire » .... « L'équipage d'un navire forme une société spéciale jouissant de la protection de l'Etat auquel elle appartient et continuant à être régie par ses lois, même pendant son séjour dans les eaux étrangères (1). D'a-

---

(1) Heffter. — Droit intern. public. Vol. — 1, § 78.

près l'auteur cité, la fiction n'existerait pas pour les navires en pleine mer. Quant aux équipages, ils sont soumis, en mer territoriale, aux lois de leur pays pour tout ce qui concerne leur constitution, leur enrôlement, leur discipline. C'est le contraire pour toute infraction aux lois locales.

« Les bâtiments marchands d'un Etat, entrés dans les ports d'un autre Etat, ne sont pas exempts de la juridiction locale à moins d'une convention expresse, et ils le sont seulement pour ce qui a été prévu par une telle convention. » (Wheaton Vol. 1, Ch. II, § 9).

Pour Wheaton c'est une fiction ou un privilège basé seulement sur la convention et sanctionné par l'usage. Et ailleurs il dit : « La jurisprudence maritime reconnue en France, par » rapport aux bâtiments marchands étrangers entrant dans » les ports français, ne paraît pas s'accorder avec les principes » établis par l'arrêt de la Cour suprême des Etats-Unis que » nous venons de citer, ou pour parler plus correctement, la » législation française, en exemptant ces bâtiments de l'exer» cice de la juridiction du pays, leur accorde de plus grandes » immunités que celles exigées par les principes du droit » international. Comme il dépend de la volonté d'une nation » de faire telle condition qu'elle juge convenable à l'admis» sion des bâtiments étrangers dans ses ports, de même » elle peut étendre, aussi loin qu'elle le juge convenable, les » immunités accordées aux bâtiments entrant dans ses ports » en vertu d'un consentement tacite d'après le droit des gens » et l'usage général des nations. »

Ainsi ce principe ne se trouve basé que sur l'usage et n'est qu'un droit conventionnel. « Cependant on ne peut pas assimiler un navire de commerce et son équipage aux personnes isolées qui voyagent ou séjournent dans un pays étranger et qui, par cela seul, pour tout ce qui concerne la police et la sûreté, sont entièrement soumises aux lois et aux autorités du pays dans lequel il se trouvent. Bien que le navire de commerce ne soit pas une émanation, une représentation directe de la puissance de l'Etat auquel il appartient, cependant il renferme une association organisée et régie intérieurement, en conformité des lois de cet Etat ; son équipage est enrôlé sous le contrôle de ce dernier ; son capitaine est publiquement commissionné et investi de certains pouvoirs. » (Ortolan — *Ch.* X. *p.* 229.)

Cauchy n'exprime pas clairement son idée tout en exposant celle de Hübner et de Lampredi. Il saisit bien cependant le danger d'accepter la fiction du territoire pour le navire marchand, laquelle, en protégeant les neutres, exposerait la propriété de l'ennemi. — (Cauchy, *Le Droit maritime international.* Vol. II. p. 156).

Fiore, après avoir passé en revue les arguments des différents auteurs, les combat avec avantage, quoique ne donnant pas une opinion décidée ; il avoue que « ce n'est qu'une fiction de droit appuyée plutôt sur le droit secondaire que sur le droit primitif : aussi est-elle réglée par les traités et par les coutumes. » — (Fiore, *Nouveau droit international,* Vol. II. p. 394).

Mais en refusant le privilège d'être la continuité du territoire national au navire de commerce, le refuserons-nous au vaisseau de guerre ? Sur ce point, nous sommes complétement de l'avis de M. de Hautefeuille, qui s'exprime ainsi :

« Le bâtiment de guerre est une portion de la force publique de son pays ; il est commandé par un délégué direct du souverain, muni de pouvoirs très étendus ; il porte un équipage très nombreux et bien discipliné, et souvent même des tribunaux pour rendre la justice criminelle ; — c'est une portion importante du sol de la patrie. Les relations d'un bâtiment de cette nature avec le sol étranger, même dans les ports où il est reçu, sont rares et d'une nature toute spéciale. Le plus souvent il est chargé de missions difficiles, ses rapports ont lieu avec les autorités locales et presque jamais avec les habitants du pays. — Cependant, lorsqu'il est forcé d'avoir quelques relations avec le pays, le vaisseau de guerre est, pour ces faits externes, soumis à la juridiction locale comme le navire marchand : ainsi il doit se conformer aux réglements sanitaires ; il n'y a que peu de temps qu'il est complètement exempt de la visite des officiers de la douane ; il doit également obéir aux lois de police concernant les heures de retraite, le débarquement des poudres, les aguades, etc., enfin les hommes d'équipage, dans leurs relations privées avec le sol et ses habitants, soumis aux lois du pays.» (Hautefeuille — V. Jur. g. — V. Droit naturel, nº 75.

La fiction de la *continuation du territoire* sied assez bien au vaisseau de guerre ; il conserve ce caractère dans les eaux d'un État ausssi bien qu'en pleine mer où il a la police des navires du commerce, soit qu'ils tombent sous sa juridiction comme portant les mêmes couleurs, soit comme navires suspects de piraterie. Dans ce cas il peut même exercer le droit de visite et d'enquête.

Autant le vaisseau de guerre, par sa force et sa mission, est une prolongation du territoire national en même temps qu'une émanation de la souveraineté du pays, autant les conditions dans lesquelles se trouve le navire de commerce sont incompatibles avec cette fiction qui ne ferait que dénaturer sa mission purement commerciale, ses rapports avec le pays qu'il visite et dans lequel, plus que par les traités internationaux, il est protégé par le droit commun, par les intérêts locaux et par des lois qui, étant basées sur le principe de réciprocité, sont à peu près indentiques à celles de son pays.

Pour garantir la constitution de son équipage il lui suffira de trouver, dans les ports étrangers, des magistrats de son pays qui rappellent à ses hommes la patrie absente, l'autorité sous laquelle ils sont nés, les lois d'après lesquelles s'est fait le contrat qui les unit. Laissez à ce magistrat le jugement de leurs différends, depuis la question de discipline jusqu'au procès verbal en matière de délit ; laissez lui la faculté de requérir l'autorité locale pour toutes les mesures correctionnelles ou de discipline qu'il trouvera bon de prendre à l'égard du délinquant. Mais dès qu'un crime grave, tel qu'un meurtre, par exemple, a souillé le bord, les lois locales crient vengeance ; le navire ne pourrait quitter le port en emportant le criminel ; la justice souveraine du pays doit une réparation à l'ordre social troublé, et le Consul n'a d'autre devoir que celui d'observer que la loi agisse avec impartialité et régulièrement. Pourquoi un matelot coupable d'un crime envers un de ses camarades serait-il, en France, rendu au navire, lorsqu'en Angleterre il serait pendu ? Pourquoi des privilèges et des exceptions dans un pays qui crie si fort pour sa liberté, tandis que dans l'île voisine, qui est bien jalouse de la sienne, le droit commun forme un niveau dont aucun homme, s'il n'est criminel, n'a à se plaindre ?

Mettons donc d'accord nos lois et écartons les fictions. Elles sont dangereuses, car elles ne gardent jamais la limite, *Fictio ne ultra fictum extenditur.* Dans le siècle de progrès, comme nous appelons notre époque, il faut marcher en avant : la liberté de la mer, la liberté du commerce, la liberté de la propriété nous font un devoir de briser toutes les barrières qui font encore obstacle à l'action de la loi universelle des peuples, lesquels n'ont plus qu'à s'unir pour partager les bienfaits communs.

Rien ne saurait assurer leur bonheur comme la moralité, et rien ne peut consolider la moralité comme une loi sévère sans fiction, invariable, absolue, uniforme. C'est à la faveur des lois uniformes que l'humanité, tout en restant naturellement divisée sous le rapport des mœurs, des langues, d'aptitude, arrivera par degré à se sentir politiquement, ou mieux, juridiquement une, à ne former pour ainsi dire qu'un seule et même peuple. « *Unus populus, una lex* ».

DEUXIÈME QUESTION

Respect de la Propriété ennemie

Les bâtiments marchands des nations belligérantes doivent-ils être respectés et affranchis de toute vexation, comme le sont ceux des nations neutres?

I.

Après bien des luttes, l'humanité est heureusement arrivée à un tel état de civilisation que, de nos jours, la guerre est à envisager comme le plus horrible des maux et comme une exception à l'état normal de la société. Tous les efforts des intelligences élevées, comme tous les intérêts sociaux bien entendus, tendent, lorsque une guerre menace d'éclater, soit à l'empêcher s'il est possible, soit à la localiser. La perturbation de toutes les relations sociales, la dépréciation des valeurs, la ruine du crédit, le détournement d'une partie du commerce de son cours habituel, la fermeture de plusieurs ports, l'incertitude qui a pour conséquence une diminution considérable dans la production, tels sont en partie les maux qu'engendre la guerre et qui frappent non seulement les belligérants, mais plus ou moins tout le monde civilisé.

Ce qui peut jusqu'à un certain point nous en consoler c'est que ces maux servent à prouver l'intimité des rapports qui existent aujourd'hui entre les nations et permettent d'espérer qu'elles feront leurs efforts pour éloigner d'elles ce fléau en s'unissant de plus en plus, de manière à arriver à ne former qu'une seule famille, la grande famille humaine. Aussi dans chaque guerre remarquons-nous un progrès qui apparait, tantôt dans le perfectionnement des armes, ce qui a pour effet de simplifier la guerre en la rendant plus efficace ; tantôt, ce qui est bien plus consolant pour l'humanité, dans le respect des droits privés. Depuis l'époque où la bataille était un carnage à l'arme blanche, jusqu'à nos jours où au moyen de la stratégie et de la tactique combinés on peut rendre impuissante la plus grande armée en l'enserrant dans un cercle infranchissable ; depuis le temps où l'on massacrait les prisonniers jusqu'à la Convention de Genève l'humanité a franchi un abîme.

Ainsi circonscrite dans son action, la guerre aujourd'hui ne dépasse pas son but : armée contre armée ; mais le paysan inoffensif est respecté, le bourgeois paie l'impôt de la guerre, est forcé de contribuer au ravitaillement de l'armée envahissante ; mais point de vol ni de pillage ; la propriété est imposée, mais elle est respectée, à moins que le hasard ne l'ait placée sur le terrain des opérations. — Le chef d'armée doit veiller à ce que la férocité de ses soldats ne déborde et n'aggrave les misères nécessaires de la guerre. L'opinion publique est là qui le juge ; elle le surveille, elle l'encourage, elle le flétrit, et malheur au vainqueur qui ne rapporterait pas du combat, avec les lauriers de la victoire, les sympathies des nations.

Grâce à la civilisation d'un côté, et à l'organisation savante des armées de l'autre, la propriété privée, qu'une armée ennemie trouve sur son passage, est respecté.

Pourquoi n'en serait il pas de même pour la propriété ennemie sur mer ? Elle est moins en contact avec l'ennemi et lui est de moindre utilité ; elle ne tombe pas sous son passage. Pourquoi l'ennemi lui donne-t-il la chasse ? elle n'est pour lui le plus souvent qu'un embarras, car les frais que sa poursuite lui occasionne sont considérables, et en outre elle détourne une partie de ses forces d'opérations plus sérieuses; elle l'oblige à maintenir le droit de visite sur tous les navires de commerce, droit que nous croyons un abus de l'état de belligérant et une violation du respect dû au pavillon neutre.

Le commerce est l'état normal de la société, puisqu'il implique la paix ; il est le droit public des nations et la base du droit international. Le belligérant étant le seul à s'en écarter, il n'est pas juste que la société toute entière en supporte les conséquences. En pleine mer tout navire est indépendant, et le pavillon neutre, en obéissant à la sommation d'un belligérant, ne fait que céder à la force.

D'ailleurs la distinction de propriété sur mer ou sur terre est un peu subtile. Ce qu'on viole en s'emparant, soit de l'une, soit de l'autre, est toujours le droit du propriétaire sur sa propriété ; le droit reste le même, que la propriété soit sur mer ou sur terre. L'ennemi qui la respecte dans un dock ou dans un entrepôt ne peut donc, sans inconséquence, la saisir à son passage sur la mer.

II.

Ceux qui soutiennent le droit de capture de la propriété privée, produisent les arguments suivants :

Premier Argument. — La nécessité pour le belligérant de nuire à l'ennemi par tous les moyens.

On dit : qui veut la fin veut les moyens, et l'on ajoute : il faut que la guerre vive de la guerre. — C'est l'opinion de Hautefeuille, d'Ortolan, de Wheaton et de plusieurs autres, opinion qui a été puissamment combattue par Fiore (1), et pour ne pas le répéter, nous ajouterons seulement les considérations suivantes d'un diplomate de la vieille école, et quelques réflexions pratiques : « Le droit des gens est fondé sur le principe que les nations doivent se faire, dans la paix le plus de bien, et dans la guerre le moins de mal qu'il est possible. D'après la maxime que la guerre n'est point une relation d'homme à homme, mais d'Etat à Etat, dans laquelle les particuliers ne sont ennemis qu'accidentellement, non point comme hommes, non pas même comme membres ou sujets de l'Etat, mais uniquement comme ses défenseurs, ce droit de gens ne permet pas que le droit de guerre et le droit de conquête qui en dérive s'étendent aux citoyens paisibles et sans armes, aux habitants et aux propriétés privées, aux marchandises de commerce, aux magasins qui les renferment, aux chariots qui les transportent, aux bâtiments non armés qui les voiturent sur les rivières et sur les mers, en un mot à la personne et aux biens des particuliers. Ce droit, né de la civilisation, en a favorisé le progrès » (2).

De nos jours l'art de la guerre, en se perfectionnant, a su convertir la nation en armée, de manière que tout ce qu'il y a de forces dans un pays passe dans l'armée. Le but rationnel de la guerre consiste uniquement à abattre ce faisceau de forces avec toute l'organisation qui le soutient, grâce à la science qui a donné à la puissance, selon l'expression du baron Liebig, la juste mesure comment et où frapper. Les efforts de l'ennemi ne doivent tendre que vers ce but, au delà duquel il ne peut plus y avoir que des opérations inutiles et sans objet. De nos jours la dévastation du pays ennemi n'est plus considérée comme nécessaire ; au contraire, le vainqueur trouve son avantage à se mouvoir dans un pays organisé et dont il peut saisir l'administration. — Dans la dernière guerre, nous avons vu le vainqueur s'imposer aux

---

(1) Fiore — Le nouveau Droit International. Vol II. Chap. VII. — Voyez aussi Bluntschli. Droit international codifié. Art 665.

(2) Talleyrand. — Lettre à Napoléon. — 20 nov. 1866.

villes conquises, leur laissant l'ancienne administration dont il s'est servi pour lever de fortes contributions. — Tout aujourd'hui s'enchaîne dans la guerre, et les principes humanitaires qui sont à chaque pas adoptés contribuent à en diminuer la durée.

Or de quel profit peut être la capture de la propriété ennemie sur mer ? Une croisière constante de navires légers de guerre en pleine mer, sur les grandes routes du commerce, et partout l'entretien de navires d'un modèle ancien, propres à la course, mais ne pouvant être d'aucune utilité devant un port ou en ligne de bataille, une surveillance constante et un espionnage bien entretenu des mouvements de la flotte marchande de l'ennemi, celui-ci usant de toute son adresse pour échapper et rendre inutile la croisière, les frais d'entretien de ces navires, les frais de charbon souvent considérables, la garde du navire capturé ; enfin l'entretien des prisonniers, tout cela mis sur la balance rend bien minime le profit qu'on tire de la vente du navire. La marchandise neutre, à bord d'un navire ennemi, étant libre, d'après le traité de Paris de 1856, que reste-t-il pour prix de la capture ? Bien souvent la coque seule du navire et l'équipage prisonnier. Et pour arriver à ce résultat le commerce du monde entier est troublé dans ses transactions, les pavillons neutres ont à subir la visite du belligérant, et celui qui en souffre le moins est souvent l'ennemi qu'on a voulu atteindre.

Nous laissons de côté les risques de la capture, les complications qui peuvent surgir d'une prise faite trop près des côtes des pays neutres, complications qui finissent par retirer au belligérant les sympathies des nations neutres. Ainsi, de tous les moyens de nuire à l'ennemi, la capture est un des moins efficaces. Heffter, qui tout en désirant l'abolition de la capture de la propriété privée a crû devoir l'admettre sur mer, s'exprime ainsi : « La guerre qui arme les hommes les uns contre les autres n'a pas pour but la destruction de l'ennemi. La raison et l'humanité, comme le propre intérêt des nations, ont consacré cette maxime fondamentale : ne causez pas plus de mal à votre ennemi pendant la guerre, que la nécessité de le ramener à la raison l'exige. » (1) La politique même nous suggère qu'il faut traiter l'ennemi d'aujourd'hui comme s'il devait être notre allié le lendemain.

Second argument. — L'état de guerre, dit-on, place les sujets de chaque puissance belligérante en état d'hostilité mutuelle. Cette raison est non seulement combattue par plusieurs auteurs, mais elle n'est pas d'accord avec la loi pratique. Heffter dit expressément qu'il est défendu aux personnes, ne faisant pas partie de l'armée, de commettre aucune espèce d'hostilité sans un ordre formel du souverain. « Le chef de l'Etat, seul, prend les mesures nécessaires pour la défense du territoire contre les ennemis étrangers », dit le code général de Prusse, et déjà, dès le commencement de ce siècle, on voit la différence entre soldats et ennemis non armés parfaitement établie par Portalis : « C'est le rapport des choses et non des personnes qui constitue la guerre ; elle est une relation d'Etat à Etat, et non d'individu à individu. Entre deux ou plusieurs nations belligérantes les particuliers dont ces nations se composent ne sont ennemis que par accident ; ils ne le sont point comme hommes, ils ne le sont même pas comme citoyens, ils le sont uniquement comme soldats. » (2) Ainsi sur terre cet état de choses n'arrive pas. Les individus qui ne sont pas dans l'armée, qui sont sans armes et ne se livrent à aucun acte d'hostilité sont respectés par l'ennemi, il ne devrait pas en être différemment en haute mer, où le navire marchand a une mission tout-à-fait pacifique et où l'équipage n'est pas armé ni ne fait acte d'hostilité contre le croiseur.

Cependant s'il n'y a pas hostilité individuelle, il y a suppression de relations personnelles. Le commerce est défendu

---

(1) Heffter, Droit international public, Vol. II. page 223.

(2) Portalis. — Discours d'inauguration au Conseil des prises 14 Flor. an VIII.

entre les deux nations, et cela non seulement de fait, par leurs gouvernements respectifs, mais encore par une raison de droit ; c'est qu'entre les belligérants les relations commerciales se trouveraient être privés de sanction légale. « Un Etat dans lequel les contrats ne peuvent être rendus obligatoires ne saurait être un Etat de commerce légal. » (1) Tout Etat belligérant peut donc interdire à ses sujets le commerce avec l'ennemi, mais il doit s'expliquer clairement à ce sujet, surtout lorsqu'il s'agit d'une interdiction générale. En effet, le droit de commerce est essentiellement individuel et ne dérive pas de l'Etat, qui ne fait qu'en régler les conditions et qui ne peut pas non plus le frapper d'une manière absolue » (2).

Pendant la durée de la guerre, des banquiers allemands, coupables d'avoir souscrit à l'emprunt français, ont été sévèrement jugés et condamnés par les tribunaux de leur pays.

L'état d'hostilité ne pourrait enfin être déterminé par l'élément sur lequel on se trouve, « car les marchands de l'état ennemi, en tant que marchands, ne sont pas des ennemis, pas plus vis-à-vis d'une puissance maritime que vis-à-vis d'une puissance continentale. Et si la puissance non maritime est contrainte de respecter la fortune des particuliers, la puissance maritime aura les même devoirs à observer et pour les mêmes motifs. » (3)

Troisième argument. — Une nation belligérante, ajoute-t-on, qui n'aurait pas une puissance navale pourrait,à la faveur du commerce, continuer à augmenter sa prospérité sans s'exposer aux risques d'une guerre maritime. Cette objection est celle d'Ortolan (4) qui après l'avoir longuement

---

(1) Wheaton. — VI. p. 208. — Eléments de Droit International.

(2) Heffter. — Droit internat. public § 123.

(3) Blunchtschli. — Droit Intern. codifié. — Introd. — p. 42.

(4) Ortolan. — Diplomatie de la mer. — T. II. 43.

développée, conclut que « la capture, comme fait de guerre, des navires de commerce de l'ennemi est fondée sur le raisonnement, ainsi que la guerre maritime dont elle est une nécessité, et que la coutume internationale en a fait jusqu'à ce jour un droit universellement reconnu. »

Ainsi c'est un droit basé sur l'usage et sur les nécessités de la guerre. -- La course, elle aussi, était basée sur un usage et requise par la nécessité de la guerre ; pourquoi l'a-t-on abolie ? Etait-ce pour obéir à un principe moral ? mais ce principe est le même que celui qui condamne la capture ; est-ce que la nécessité n'en est plus démontrée ? alors la capture ne profitera pas aux belligérants. — Nous posons ce dilemme : qu'a-t-on voulu abolir en abolissant la course ? ce sont les corsaires. Qu'est-ce que ceux-ci faisaient ? la capture sur mer de la propriété de l'ennemi. — Or, vous admettez la capture par la marine de guerre, donc vous continuez à poursuivre le but de la course. Du moment qu'on maintient la capture, qu'importe au capturé qu'il perde la propriété par le fait du corsaire ou du capteur ? L'effet pour lui reste le même. — Du moment qu'on a déclaré le respect de la marchandise neutre sous pavillon ennemi, et de la marchandise ennemie sous pavillon neutre, n'est-ce pas logiquement une inconséquence que de ne pas stipuler le respect de la propriété privée en général ?

La marchandise, aujourd'hui, passe de main en main avec une grande vitesse ; vous la poursuivez, elle vous échappe ; vous saisissez le navire, il ne vous est d'aucune utilité. — L'argument d'Ortolan est bien opposé par Fiore qui répond ce qui suit :

« A cet argument nous opposons que de ce qu'un navire marchand peut cesser d'être tel en prenant part aux opérations de la guerre, on ne peut pas conclure que tous les vaisseaux marchands doivent être considérés comme des instruments de guerre dans les mains des belligérants. Ou le vaisseau traverse la mer pour les opérations commerciales, et dans ce cas c'est un navire marchand, ou sous le prétexte de faire un commerce quelconque il sert aux opérations du belligérant, et alors il cesse d'être un navire marchand et devient un instrument de guerre. Dans cette hypothèse, la fraude étant prouvée, le vaisseau peut être capturé, non comme un bâtiment marchand, mais comme un instrument de guerre; mais nous ne pouvons admettre que, dans l'hypothèse que des vaisseaux marchands puissent servir aux opérations de la guerre, il soit permis de capturer tous les bâtiments marchands, parce que ce serait punir un innocent, par cela seul qu'il peut commettre un délit. » (1)

D'ailleurs, aujourd'hui la richesse d'un Etat est particulièrement dans son crédit. — Le commerce des belligérants continuera ses opérations dans les ports non bloqués et sous pavillon neutre. Ce que la capture supprime est le fret, et dans une guerre de courte durée, ce dommage se réduit à peu de chose.

Un dernier argument en faveur du respect de la propriété privée ennemie est le suivant :

« Le droit des gens protège les biens des sujets ennemis : il n'est point permis d'y toucher que par exception, autant qu'il le faut pour atteindre le but de la guerre, car les biens particuliers des sujets ne font partie des forces de guerre des Etats que dans la limite du pouvoir qui appartient aux gouvernements sur les biens de leurs sujets. » (2)

Quatrième argument, le plus redoutable.— La marine marchande est la source et le nerf de la marine de guerre. Cet argument avait de la valeur autrefois, mais il n'en a guère de nos jours où l'on voit un changement si radical dans les marines militaires. Depuis que celles-ci ont transformé leur

---

(1) Fiore. — Nouveau droit international public. — V. II. p. 356.

(2) Isambert. — Annales politiques. — introduct.

matériel, elles ne peuvent plus utiliser celui de la flotte marchande. Les équipages, de leur côté, ont diminué spécialement à bord des navires cuirassés, et ceux-ci ne sont pas dans les conditions voulues pour soutenir une croisière ou s'occuper d'une capture. En outre, on a affirmé la nécessité de faire prisonniers les équipages, par la raison que ceux-ci peuvent facilement être transformés en soldats de l'Etat. Si c'est là une raison valable, on devrait faire prisonniers sur terre tous les hommes en état de porter les armes, car ils peuvent être appelés sous les drapeaux à chaque instant. D'ailleurs, dans les guerres d'aujourd'hui, les combats navals ont beaucoup perdu de leur importance ; la marine militaire se trouve dans un état de transition, et l'argent qu'elle absorbe n'est pas en rapport avec les services qu'elle rend. — La capture lui devient de plus en plus difficile, car le blocus obligatoire absorbe presque toutes ses forces et par là l'empêche de les envoyer au loin faire la course.

Du reste, la capture lui a été virtuellement interdite par l'abolition de la course. Vouloir la conserver, malgré cette abolition, c'est maintenir l'effet après avoir supprimé la cause ; c'est donner ce rôle de corsaire, qu'on a trouvé si ignoble pour notre civilisation, à la marine militaire qui doit être pure de toute tache et doit toujours faire flotter le pavillon de la patrie noble et glorieux dans les mers lointaines ; — c'est faire conserver à la marine militaire, dans la guerre navale dans laquelle les sacrifices les plus touchants et les passions les plus sublimes se révèlent, un caractère d'atrocité froide, de pillage autorisé qui n'est plus de notre époque. — Les marines de guerre de toutes les nations sont intéressées à l'abolition de la capture, qui est le métier le plus ingrat en même temps qu'il rabaisse leur mission.

III.

Un certain nombre de jurisconsultes considèrent la capture simplement comme un séquestre temporaire. La fin de la guerre déciderait de la liquidation des dommages et indemnités ; les navires capturés, comme les prisonniers, devront être rendus à leur patrie. Heffter avoue cette opinion et il ajoute : « Il est permis, sans doute, de chercher à réduire l'ennemi en faisant tarir ses ressources, en frappant au cœur son commerce extérieur ; mais il n'en résulte aucunement, dès qu'on admet au fond du droit moderne de guerre un principe moral, qu'il faille confisquer les navires et les marchandises aux sujets ennemis pour leur en faire perdre la propriété d'une manière irrévocable. » (1)

Le droit de conquête, de nos jours, n'est plus ce qu'il était jadis. La pratique de massacrer les prisonniers, comme celle de les réduires à l'esclavage, ont disparu. Le butin et le pillage disparaitront à leur tour. Lorsqu'une armée détachée de sa patrie se trouvait sur le territoire ennemi, il lui fallait se ravitailler et prendre tout ce qui lui tombait sous la main : les propriétés particulières et celle de l'Etat, les choses sacrées et les choses profanes lui appartenaient ; le combat meurtrier corps à corps à l'arme blanche excitait la haine, le carnage, et les prisonniers, leurs femmes, leurs familles étaient à la merci du vainqueur. Pourquoi la propriété aurait elle été respectée ?

Mais aujourd'hui la guerre est savamment combinée ; elle vit des approvisionnements préparés de longue main ou de réquisitions faites sur l'ennemi. Le butin est défendu au

---

(1) Heffter. — Droit intern. public. — Vol. II. p. 262 et 264.

soldat, le pillage deshonore une armée ; la discipline étant une nécessité de la force, la moralité en devient le témoignage ; dès lors pourquoi déchaîner sur une population paisible et innocente les mauvaises passions du soldat? Est-ce pour châtier les innocents ? Poser la question c'est la résoudre. Est-ce pour dédommager ou enrichir les soldats? eh bien ! qu'on frappe la commune d'une contribution en argent, le soldat en sera plus riche, plus reconnaissant, plus innocent et plus fier. Tels sont les principes humanitaires que toute armée de nos jours doit suivre, et sur ce chapitre nous aimerions à voir les *Instructions pour l'armée des Etats-Unis en campagne* (1) adoptée par tous les Gouvernements et répandues dans chaque armée. Tels sont les principes qui devraient prévaloir, à bord du vaisseau comme à la tête du bataillon.

Aujourd'hui le commerce a tout envahi, à chaque secousse il souffre et fait souffrir le monde entier ; laissez-le donc suivre en paix sa route et tout ira pour le mieux. Si les relations commerciales sont suspendues entre les belligérants, est-ce une raison pour que le commerce ait à cesser pour tout le monde ? « Pour commercer il faut être deux, celui qui achète et celui qui vend ; ajoutez-y celui qui transporte, et dites-moi comment, dans ce triple contrat, vous parviendrez à séparer par le glaive l'élément ennemi de l'élément neutre ? Tant qu'on a voulu réaliser cet impossible partage, les neutres se sont plaints, non sans raison, qu'on attentait à leurs droits sacrés. Mais notre nouveau droit des gens serait-il plus logique, si en permettant à l'ennemi de faire le commerce par navires neutres il lui interdisait de le faire directement par ses propres navires ? » (2).

C'est étonnant qu'on trouve, de nos jours, tant de difficulté à faire triompher la logique, quand mille nouvelles utopies se

---

(1) Ecrites par Lieber. V. appendice à Bluntschli.— Edit. 1870, Paris.

(2) Cauchy — Le Droit maritime intern. — V. II. p. 491.

fraient de toutes parts leur chemin et nous rappellent ce *videbis fili mi* du chancelier Suédois.

Pour en finir avec cette question nous allons citer un dilemme de Fiore : « Les rapports juridiques entre les sujets de deux Etats belligérants, et entre les sujets de l'un et l'Etat ennemi, dit ce publiciste, ne peuvent pas changer, soit qu'on les regarde comme étant sur terre, ou qu'on les considère comme étant sur mer ; donc, ou le respect de la propriété privée de l'ennemi est un principe vrai, et alors il doit avoir autant de valeur sur mer que sur terre ; ou c'est un principe faux qui n'a aucune valeur, ni sur un élément, ni sur l'autre. » (1)

IV.

La guerre est la conséquence de l'indépendance des Etats. N'ayant aucun pouvoir supérieur, comme juge de leurs griefs, ils s'en remettent, pour l'arrangement de leurs querelles, au droit brutal du plus fort. Cependant un tribunal s'est constitué au milieu de notre civilisation, qui, bien qu'il soit privé du droit de coercition, n'en est pas pour cela moins redoutable : le tribunal de l'opinion publique. Devant ce tribunal qui, grâce aux moyens d'informations rapides et la solidarité des nations, est aussi éclairé qu'il est juste, tous les Etats ayant pour eux la force du droit appellent leurs adversaires qui n'ont que le droit de la force. Devant ce tribunal est venu s'incliner peu à peu tout droit exclusif à l'empire des mers, jusqu'à ce qu'enfin le monde entier ait

---

(1) Fiore — Nouveau Droit Intern. Vol. II. p. 320.

salué avec joie l'admission par l'Angleterre des principes consacrés par le nouveau droit maritime.

Malheureusement, dans toutes ces questions on laisse toujours une porte ouverte. Le respect de toute propriété privée, même ennemie, aurait été un principe plus rationnel, plus satisfaisant, plus en accord avec notre époque ; et avec le respect dû à la propriété privée le droit de visite aurait été aboli.

L'opinion publique, qui avait tant applaudi à la proclamation des nouveaux principes, fut surprise d'abord, puis se rangea du côté de l'opinion exprimée par les Etats-Unis d'Amérique. — Les concessions étaient, en effet, incomplètes, et les événements ne tardèrent pas à le prouver. — Trois guerres entre puissances maritimes sont survenues depuis, et le respect à la propriété privée a été proclamé. En pratique comme en théorie l'abolition de la capture de la propriété privée sera donc logiquement la conséquence de l'abrogation de la course et aura pour effet l'abolition du droit de visite.

La neutralité, étant par elle-même négative, ne doit supporter aucune atteinte de la part des belligérants. Pour les neutres la guerre n'existe pas; leurs rapports avec les combattants continuent à être pacifiques. Autant le droit de visite était révoltant quand il était exercé par les corsaires, autant il est illogique depuis qu'on a décidé de respecter la propriété de l'ennemi.

Heffter avoue lui-même (1) que les croiseurs ennemis, dans la visite d'un navire neutre, au lieu de s'assurer par les papiers et certificats de bord, procèdent à des mesures vexa-

(1) Droit intern. public. S. 169.

toires, et un document nous en est donné, dans l'ouvrage de Fiore, par son traducteur Pradier-Foderé (1).

La paix conservée par les neutres, le droit qu'ils ont de faire respecter leur pavillon, la liberté des mers, nous font un devoir de proscrire le droit de visite comme une violation du droit des nations pacifiques et un abus de la force. Fiore, en concluant que le droit de visite est une institution admise par le droit secondaire comme forme nécessaire pour l'exercice d'un droit primitif, repousse pour les neutres le droit de perquisition, car la qualité de neutre, une fois reconnue à un navire, tout acte de juridiction fait à bord doit être regardé comme un attentat à l'indépendance de la nation dont le navire porte le pavillon (2).

« Du reste, dit Heffter, la question relative à la liberté du commerce neutre se rattache naturellement à celle qui a pour objet le droit de visite des belligérants. Qu'il suffise de faire observer seulement que si les belligérants ont chacun le droit incontestable d'enlever les propriétés ennemies partout où ils les trouvent, il ne s'en suit aucunement qu'ils puissent violer arbitrairement les droits des peuples pacifiques. Le véritable nœud de la question se trouve dans la conciliation de ces deux intérêts opposés. » (3)

Le respect de la propriété ennemie sur mer une fois garanti, la visite n'a plus sa raison d'être. On objectera qu'elle restera toujours utile pour la recherche de la contrebande de guerre ; nous répondrons que celle-ci peut être plus facilement recherchée et saisie par voie diplomatique sur le territoire neutre, soit au moyen de la visite sur les navires de

---

(1) Visite exercée par le croiseur turc sur le paquebot italien *Principe di Carignano*. Le nouveau droit intern. Vol. II p. 476.

(2) Fiore, Le Nouveau droit intern. public II. p. 468.

(3) Heffter, Droit intern. public II. p. 314.

tout pavillon dans les mers territoriales des belligérants, soit enfin au moyen d'un blocus obligatoire et effectif des ports de l'ennemi.

Les principes que nous posons ont été longtemps débattus. Hübner et Lampredi les ont virtuellement admis, et la neutralité armée les a défendus pour les navires convoyés. — Du reste ils se justifient par le droit et la logique, beaucoup plus encore que par les opinions et les précédents. De plus, ils sont le complément nécessaire du principe consacré par le Traité de Paris : le respect de la propriété ennemie sous pavillon neutre et de la propriété neutre sous pavillon ennemi.

V.

Et pourtant ne soyons pas trop fiers de ces progrès tant vantés. Les principes que nous venons de proclamer ont toujours été l'objet des vœux des esprits élevés. Dans nos bibliothèques, des vieux codes nous restent encore où ces principes sont écrits depuis près de 500 ans ! Cinq siècles écoulés pour un tel progrès ! Et c'est de nos jours où, dans nos Universites et dans nos Parlements, on discute les lois en les marquant au coin de la philosophie et de la logique, que nous craignons de proclamer tout haut une vérité qui est la conséquence logique des progrès que nous exaltons ! Cette contradiction vient de ce que, jusqu'à présent, le Droit international, qui est plus que jamais devenu une science, avait pris pour base les précédents, les usages et les faits au lieu de la raison et de la justice ; de ce qu'il a toujours codifié *a posteriori* au lieu de raisonner *a priori*.

Il serait temps, désormais, de laisser la science et la raison régler les faits plutôt que d'en être la sanction. Les faits, les précédents cinq siècles nous les ont fournis. Dès 1438 nous trouvons mentionnée par Grotius une décision néerlandaise en faveur de la liberté des marchandises neutres à bord de navires ennemis. La Hollande a toujours fait des efforts pour assurer le principe *navires libres, marchandises libres*, principe reconnu par le traité de Nimègue (1678) et admis successivement par le Danemark, la Suède et la Prusse, sous Frédéric II. Il a été, en outre, brillamment défendu par les publicistes italiens, anciens et modernes, tels que Azuni, Lampredi, Galiani, Vidari, Fiore et autres. Au XVIIIe siècle Bynkershœk, Mably, Hübner l'ont soutenu de leur côté. C'était l'époque où la première neutralité armée, sous l'initiative de la Russie qui avait déjà, en 1767, renoncé à la course dans la guerre avec la Turquie, le formulait dans un traité. Franklin en avait fait consacrer l'idée plus large dans le premier traité conclu par les Etats-Unis avec la Prusse, en 1785, et l'Assemblée française décrétait, en 1792, l'abolition de la capture. C'était alors l'époque des grandes guerres et du blocus continental constitué en Europe par les fameux décrets de Berlin et de Milan. Enfin Napoléon 1er, dans le *Mémorial de Ste-Helène*, a parfaitement reconnu l'excellence de ce principe et en a prédit le triomphe final. La prédiction n'a pas manqué de se réaliser. En 1823 les Etats-Unis d'Amérique le proposèrent à l'acceptation des nations ; malheureusement la proposition fut repoussée et le principe ne fut définitivement adopté par les Etats-Européens qu'en 1856.

Un progrès ne s'accomplit, dans le domaine des faits extérieurs, qu'après s'être préalablement réalisé dans les esprits. Tel est celui que tout le monde civilisé réclame aujourd'hui. Les Etats-Unis ont eu raison de refuser leur adhésion à l'abolition de la course proclamée par le congrès de Paris, car ce dernier n'avait trouvé bon de compléter cette abolition que par une déclaration de l'inviolabilité complète de la propriété privée de l'ennemi sur mer. Avec les Etats-Unis ont réclamé le Brésil, toutes les grandes villes commerciales de l'Allemagne, une grande partie de celles de France, ainsi que les grands centres du commerce de l'Angleterre. Le Gouvernement de lord Palmerston eut tort de refuser le principe réclamé, en mettant en avant les conditions nécessaires de la suprématie de la marine de guerre du Royaume-Uni. L'Angleterre le sentira bien le jour où son commerce râlera sous les attaques des corsaires. Car si dans les dernières guerres on a respecté l'abolition de la course, la raison en est que ces guerres ont été exclusivement continentales. Les exploits des marines militaires en 1864, 1866, 1870 n'ont eu aucune influence sur l'issue finale des hostilités et ne forment que des épisodes détachés. Mais aussitôt qu'éclatera une guerre maritime dans laquelle il y aura une prépondérance décisive d'une flotte sur les autres, la course apparaîtra de nouveau si l'on ne s'empresse pas de stipuler le respect de toute propriété privée sur mer (1).

Il faut cependant reconnaître que plusieurs Etats ont déjà proclamé le principe énoncé. Ainsi, en 1866, l'Italie, la Prusse et l'Autriche sont convenues réciproquement de renoncer à toute capture. L'Angleterre en a pris acte, la Prusse, dans la guerre qui vient de finir, avait commencé par adopter la même conduite, mais elle a dû l'abandonner par la non réciprocité de la part de la France.

Soyons donc de notre époque, faisons nos efforts pour

---

(1) Après que ces lignes avaient été écrites, la question de la course est venue tout à coup se rouvrir par une proposition de M. Cavendish Bentinck à la Chambre des Communes, dans la séance du 27 avril dernier. — Quoique la motion ait été retirée, la discussion qui a eu lieu entre le gouvernement et l'opposition n'en reste pas moins une preuve de nos prévisions et un signe du temps..... à venir.

que le premier congrès qui se réunira donne la sanction internationale à la complète abolition du droit de la capture, aussi bien que du droit de visite. Le commerce, comme la civilisation, dans son ensemble, ne pourront qu'y gagner.

TROISIÈME QUESTION

Blocus Militaire

Les ports commerciaux des contrées belligérantes, lesquels ne sont pas places fortes, peuvent-ils, quand ils ne sont pas assiégés du côté de terre ferme, être assujettis au blocus légitime et obligatoire ?

I.

Après avoir condamné le droit de capture de la propriété privée sur mer, comme une agression contre les individus paisibles et une atteinte au droit de propriété ; après avoir mis en question le droit de visite, qui est une violence déguisée et le fait de la force brutale contre le droit des neutres, attaquer le droit du blocus équivaudrait non seulement à une limitation abusive du droit légitime des belligérants, mais à l'autorisation de la contrebande de guerre.

Celle-ci, en effet, ne pouvant plus être saisie en pleine mer, une fois le droit de visite aboli, le port de commerce en serait le canal par lequel le belligérant se ravitaillerait financièrement et militairement. Pour faire comprendre cet état de choses, qu'il nous suffise de dire que cela serait comme proclamer, dans une guerre, qu'un belligérant n'aurait pas le droit de couper la ligne de communication avec la base d'opération de son adversaire.

Un port de commerce est précisément, dans la guerre continentale ou maritime, ce point vulnérable. La contrebande de guerre, les renseignements, le ravitaillement de l'armée, le service des dépêches, la concentration des forces, l'entrepôt des valeurs, la retraite d'une escadre, les moyens pour ses réparations, une base pour les opérations, le point de départ des troupes pour d'autre points du littoral, celui d'évasion d'une armée en déroute, en font une ressource précieuse en temps de guerre et par conséquent le point d'attaque de l'ennemi. Si le belligérant peut d'ailleurs s'emparer d'un port de commerce et de son littoral, on ne comprend pas pourquoi il ne pourrait pas le bloquer.

Le blocus est une mesure de guerre que le belligérant peut employer contre les ports, les côtes, les rivières de l'ennemi. Sans discuter ici si la base de ce droit est dans la substitution d'une souveraineté à une autre (1), ou vraiment dans la nécessité de la guerre (2) ; si le belligérant opérant le blocus a le droit de *défendre* ou *d'empêcher* (3) les communications des neutres avec les plages de l'ennemi, il reste toujours vrai qu'en forçant un blocus les neutres se placent entre les belligérants et entravent les opérations de l'un ou de l'autre. Ils méritent alors d'être traités comme individus non combattants qui se hasarderaient à franchir les lignes d'un siège.

---

(1) Ortolan. Diplom. de la mer. II. p. 295. — Klüber. Droit des gens mod § 297. — Heffter. Droit des gens II. § 154. — Voir aussi Hubner. — Hautefeuille.

(2) Bluntschli. Droit internat. art. 827. r. - Fiore. Droit marit. intern. II. p. 458. — Cauchy. Droit marit. intern. II. § IV.

(3) Mertens. — Droit des gens L. VIII §§ 314. 319.

L'effet du blocus étant celui d'intercepter toutes relations commerciales entre les ports bloqués et les neutres, il affecte sans doute la liberté de commerce de ces derniers ; mais la guerre une fois déclarée, le devoir des neutres est de s'abstenir d'entraver les opérations des belligérants ; en y manquant ils risquent de s'attirer des violences, et puisque la guerre n'est qu'un état de violence ils ne pourraient s'en affranchir qu'en appuyant leur intervention par la force et augmenter ainsi le nombre des belligérants. Il est évident qu'ils doivent respecter la ligne de blocus, laquelle est d'ordinaire en dehors de la mer territoriale. Cette ligne de conduite leur est même conseillée par leur propre intérêt ; car une intervention, dissimulée ou non, non seulement les ferait manquer aux devoirs de la neutralité, mais contribuerait à une prolongation de la guerre, et partant de l'état de souffrance de la société entière.

Mais si le devoir des neutres est de respecter les droits des belligérants, ils ont, par contre, le droit d'exiger que le blocus soit véritablement une mesure de guerre nette et efficace. Un blocus non effectif n'est qu'une cessation des relations commerciales. Nous voulons parler du *blocus pacifique*. Cette expression, comme le fait qu'elle sert à désigner, est un contresens. Les neutres n'existent qu'en temps de guerre, donc le blocus ne saurait exister en temps de paix. Le blocus, étant une mesure de guerre, constitue par cela même un acte de violence à l'égard du bloqué.

Nous croyons même qu'un gouvernement qui, se trouvant en lutte avec une insurrection, mettrait en état de blocus un littoral dont ses sujets révoltés se seraient emparés et notifierait cette mesure aux nations amies, accorderait par là aux insurgés le titre de belligérants et leur reconnaîtrait le droit d'être traités comme tels. — Aussi, en pareil cas, tout gouvernement s'abstient-il de notifier le blocus tout en le pratiquant. Le blocus pacifique nous paraît donc entièrement désapprouvé.

Quant au blocus militaire, celui dont nous nous occupons ici, il est le seul que Cobden aurait voulu et qu'il formulait ainsi : « La restriction du droit de blocus aux arsenaux maritimes et aux villes assiégées en même temps par terre, sauf la prohibition des articles de contrebande. » Cette question toute nouvelle n'a pas encore été débattue par les publicistes et présente bien des difficultés dans la pratique. Les conséquences de cette exception seraient de provoquer la neutralisation des ports de commerce, qui serait tout à l'avantage d'un seul des belligérants. D'ailleurs, comment faire respecter cette neutralité du côté de la terre ? Comment la limiter et la surveiller ? Ceux qui soutiendront cette thèse objecteront probablement qu'un port de commerce n'est, après tout, qu'un rendez-vous de citoyens paisibles, qu'un entrepôt de marchandises dont la plus grande partie forme la propriété de sujets neutres ; que la propriété privée, soit ennemie, soit neutre, étant respectée à bord d'un navire, ne saurait être saisie dans un dock.

Toutes ces raisons peuvent servir à condamner le bombardement d'une ville de commerce, elles sont impuissantes dans la question de blocus. Les nations neutres savent d'avance, dès le commencement d'une guerre, quel sera le danger qui menace leurs relations avec les belligérants ; à l'annonce d'un blocus, elles connaissent le littoral qui va être fermé au commerce ; et même leurs navires seraient-ils dans l'ignorance du blocus, qu'à leur approche le croiseur leur en ferait la notification.

On pourrait d'ailleurs répéter ici, à l'inverse, les raisons admises pour la liberté de la propriété privée. Ainsi pourquoi le commerce des neutres, du moment qu'il est soumis aux nécessités de la guerre sur le territoire des belligérants, devrait-il être plus libre sur le littoral ? Si les individus paisibles, neutres ou ennemis, dans une ville assiégée ou dans une province où les communications sont interrompues, sont privées de tout ravitaillement, pourquoi n'en serait-il pas de même pour ceux d'un port ou d'une ville maritime ? Si une frontière territoriale est ouverte à l'attaque, au blocus, à l'invasion d'un belligérant, pourquoi le littoral ne serait-il pas ouvert à l'action des forces navales ennemies ?

Ainsi l'on voit par là qu'il n'est aucune raison pour soustraire aux nécessités de la guerre tout un littoral que la nature même a dessiné pour l'attaque et pour la défense.

II.

Les neutres doivent donc respecter sur mer les opérations des belligérants et ne point intervenir. Le traité de Paris a bien établi la liberté des belligérants en leur permettant d'étendre le blocus à toute une côte et à tout un littoral, sans admettre des exceptions, lesquelles toutes libérales qu'elles paraissent nuisent au but que les neutres ont à poursuivre et qui est d'abréger autant que possible la durée de la guerre, cause de leurs souffrances.

Tout en observant envers les belligérants la même conduite qu'avant la guerre, les neutres doivent comprendre les devoirs de la neutralité et s'interdire toute contrebande de guerre ; car le belligérant a le droit de la saisir, non pas, il est vrai, en pleine mer, ou, comme nous l'avons démontré, il ne peut faire violence aux sujets d'une puissance neutre, ni à leur propriété, de quelque nature qu'elle soit, mais en mer territoriale, soit dans la sienne propre, soit dans celle de son ennemi, comme aussi dans la ligne du blocus.

Comme la contrebande de guerre est le plus souvent organisée en pays ami, le belligérant peut, sur l'évidence *prima facie* insister près du gouvernement ami pour qu'il en empêche la sortie. Et ce droit n'est nullement une atteinte au principe de la liberté de commerce, mais il dérive logiquement du droit qu'a un Etat de réclamer contre tout acte dangereux pour sa sûreté, s'accomplissant sur le territoire d'un autre. C'est ce principe que les Etats Unis et la Grande Bretagne ont reconnu dans le premier article du traité que ces puissances viennent de signer pour l'arrangement de la question de l'Alabama et qui déclare « que chaque nation doit être responsable des déprédations qui se commettraient contre une, puissance amie par un navire armé et équipé dans un de ses ports. » (1)

Si, au contraire, la contrebande de guerre a déjà pris la mer, le belligérant a le droit de fermer tous les ports du littoral ennemi par un blocus effectif. Tout en le notifiant aux divers gouvernements, il peut, dès l'instant même, en défendre l'approche aux navires marchands ; car si, de même que pour faire acquérir à certains objets le caractère de contrebande de guerre, il suffit que la déclaration de guerre soit dûment notifiée aux puissances ; pour rendre obligatoire le blocus, il suffit de la fermeture d'un port par la croisière d'une escadre.

Il y a en cela connexion du principe et de la conséquence. Mais il faudra toujours que le blocus soit effectif, c'est-à-dire gardé par des forces suffisantes pour en empêcher l'entrée et au besoin pour le faire respecter. Les Etats neutres ont le droit de faire contrôler par leurs flottes respectives si le blocus notifié est effectif et s'il est maintenu. D'ailleurs l'efficacité d'un blocus correspond à sa garde. Si les tempêtes ou les événements en ont éloigné les navires qui le formaient, les bâtiments marchands n'ont à s'enquérir d'autre formalités et peuvent aborder à destination. Telle n'est pas l'opinion de quelques auteurs qui prescrivent, au contraire, le respect

---

(1) Cette déclaration suppose naturellement l'admission de la course. C'était le moment, ou jamais, de substituer à une telle déclaration la reconnaissance formelle de la propriété privée sur mer. Quel triomphe aurait-ce été pour les Etats-Unis !

pour le blocus notifié. Pourquoi un navire de commerce devrait-il s'éloigner de son port s'il n'en trouve pas l'entrée défendue ? Malgré la connaissance qu'il a pu avoir du blocus, ne pourrait-il pas supposer que pendant son voyage les événements aient changé le sort de la guerre ? Bloquer un littoral sur le papier, *per notificationem*, serait comme déclarer une place assiégée sans même en faire l'investissement. Le blocus est une mesure de guerre, donc il n'a d'autre raison et d'autre appui que la force ; par conséquent le blocus doit être défendu pour qu'il soit respecté.

Un port de commerce ou son littoral ne pourrait donc réclamer le privilège de ne pas être bloqué. Si le port est dépourvu de fortifications importantes, si la ville ne renferme pas une armée prête à sortir, ou réfugiée dans ses murs, si elle ne se livre à aucun acte d'hostilité envers l'escadre du blocus, elle a le droit d'être respectée ; c'est-à-dire que l'ennemi ne peut la soumettre à d'autres mesures de guerre que l'occupation. S'il ne peut ou s'il ne juge pas nécessaire de l'occuper, ce serait un crime de lèse-civilisation que de la bombarder. Cet attentat rappellerait des précédents anciens que l'histoire a flétris, tantôt comme barbares, tantôt comme infâmes, toujours comme une lâcheté de la part d'une flotte contre une ville paisible soumise à une ruine complète.

Cette question nous paraît donc sans précédent et prématurée, peut-être, et nous faisons des vœux pour que la guerre devienne de plus en plus rare, plus courte, plus circonscrite et localisée ; mais tant qu'elle affligera la race humaine, rien de ce qui est territoire ennemi n'échappera à ses ravages. Or le littoral et la mer qui l'arrose sont le territoire ennemi, par conséquent ils ne peuvent se soustraire à l'attaque de l'adversaire.

Le commerce avec les belligérants sera, il est vrai, plein de difficultés, et précisément pour cela plus lucratif ; mais cette idée ne pourrait étendre le principe du libre échange au point de mettre en péril la sécurité et la liberté des opérations des combattants.

Le droit de commerce pour les neutres est le même, soit que ce commerce s'exerce par voie de terre, soit qu'il se fasse par voie de mer. Or, si par voie de terre il a à subir les conséquences de la guerre, nous ne voyons pas de raison pour qu'il soit priviligié sur mer. A nos yeux un wagon, des chariots sont l'équivalent d'un navire; tous ne sont que des moyens de transport. La guerre frappe les marchands et les consommateurs dans leurs spéculations et du même coup, soit qu'elle cause l'interruption d'un chemin de fer à la frontière, soit qu'elle impose le blocus à un littoral.

III.

Et cependant si un jour cette question, qui nous parait si prématurée, devait passer en réalité, si nous sommes destinés à saluer dans le progrès du lendemain l'utopie d'aujourd'hui, n'oublions pas que c'est à un publiciste napolitain (1) que l'honneur revient d'avoir été le premier à la formuler. Souvenons-nous qu'un grand économiste, le plus hardi et le plus pratique, le regretté Cobden, lui a donné tout le poids de son autorité. Peut-être à cette question sera réservé le même succès qui a couronné chacune des vastes et libérales conceptions du libre échangiste. Les publicistes modernes, à l'exception d'un ou deux, écartent cette question, et à tort, car c'est en la discutant qu'on finira par l'admettre, la conseiller ou l'ajourner jusqu'à l'époque où la guerre sera rendue impossible par la marche de l'humanité. Certainement elle sera près de disparaître le jour où le retentissement des armes et les ravages des batailles viendront s'éteindre près de la plage, comme le flot qui la caresse.

---

(1) Le Comte Ferdinand Luchesi Palli.

QUATRIÈME QUESTION

Contrebande de Guerre

Lorsqu'il s'agit d'un changement d'objets de commerce licite et illicite, en confisquant les objets du commerce illicite, le navire lui-même doit-il être respecté comme les objets du commerce licite ?

I.

L'un des avantages de la découverte ou de l'admission d'un grand principe est celui de s'en servir comme d'un flambeau pour éclairer la filière logique des conséquences qui en découlent.

Ainsi l'abolition de la course a dévoilé le principe du respect de la propriété privée, soit sur mer, soit sur terre. A l'aide de ce principe nous avons invoqué l'abolition du droit de visite en pleine mer, et comme la contrebande de guerre aurait pu être facilitée par une telle concession, nous reconnaissons au belligérant le droit de rendre le blocus non seulement effectif, mais rigoureux. En pleine mer, nous le répétons, le belligérant n'a aucun droit à faire valoir vis-à-vis des neutres. Là il n'a à faire qu'à son adversaire. Mais devant un blocus les neutres se trouvent placés devant un cordon où commencent les opérations de guerre, où le seul maître est l'occupant ; sur un champ, enfin, où la force prime le droit.

Nous insistons sur cette limitation du droit de visite, car l'intérêt de la justice et celui de l'humanité sont d'accord sur ce point, la justice ne pouvant pas plus tolérer un acte qui s'appuie sur la force, vis-à-vis des commerçants neutres, qu'un acte de souveraineté sur la mer qui n'obéit à aucune, et l'humanité ayant intérêt à ce que tout fait de guerre reste autant que possible localisé et renfermé comme en champ clos entre les belligérants. C'est dans de telles conditions seulement que le droit de visite, même celui de perquisition, peut être admis ; c'est là seulement que la contrebande de guerre peut être saisie *in delicto*.

Il n'y a aucun doute que le belligérant souverain n'ait, en mer territoriale, le droit, en temps de guerre comme en temps de paix, de surveiller tout bâtiment s'approchant de ses côtes.

Il est clair aussi qu'en temps de guerre tout belligérant étend sa souveraineté sur toutes les portions du territoire ennemi qu'il occupe avec ses forces.

Une escadre opérant le blocus d'un littoral se rend maîtresse, et par les nécessités de la guerre et par la force qu'elle déploie, d'une partie de la pleine mer avoisinant le territoire maritime de l'ennemi et qui est assez limité et défini.

Dans ces trois parages le croiseur a le droit de procéder à la visite de tout navire de commerce, soit neutre, soit ennemi, et s'il y découvre des marchandises reconnues être contrebande de guerre, son devoir est de les saisir. Nous ne ferons pas ici de distinction entre la contrebande proprement dite et la contrebande déguisée ou quasi-contrebande ou contrebande d'accident. Il est admis que la première, (nous entendons ici les armes et munitions de guerre), est toujours saisisable. Ce droit repose, vis-à-vis des neutres, sur deux principes : d'abord sur le droit de *préemption* qu'a le belligérant de s'approprier la marchandise prohibée ou déclarée contrebande de guerre et destinée à l'ennemi. Le croiseur, opérant cette saisie en mer territoriale ou dans la ligne du blocus, doit en donner reçu. Il se sert, selon l'opinion de Mertens (1) « du droit de guerre qui permet seulement au belligérant d'empêcher les objets nuisibles d'arriver chez son adversaire ; il ne va pas au delà. »

Ce droit de préemption trouve son correspondant dans le droit qu'a le souverain, et par conséquent le belligérant, possesseur du territoire, d'exproprier, pour cause d'utilité publique, c'est-à-dire pour les nécessités de la guerre, tout individu privé, moyennant indemnité. Les navires marchands anglais, coulés dans la Seine, à Duclair, par les Prussiens, pendant la dernière guerre, sont un exemple de ce droit d'expropriation forcée, soit de préemption.

Du moment que la propriété privée neutre se trouve sur le territoire du belligérant et que les nécessités de la guerre l'exigent, que cette propriété soit un champ ou une maison, un navire ou une marchandise, il peut la saisir avec ou sans le consentement du propriétaire, mais non sans indemnité, ou sans obligation de la remettre *in statu quo ante bellum*; or, si les circonstances territoriales seulement nous font envisager comme praticables ces opérations, en vertu des principes énoncés, combien nous paraît inadmissible l'usage de capturer la même propriété, fut-elle de la marchandise prohibée, en pleine mer !

Là l'exercice du droit de préemption ou d'expropriation n'est plus possible, car il y a absence complète des conditions nécessaires pour l'exercice d'un acte de souveraineté.

L'autre ordre d'idées, sur lequel se base le droit de saisie

---

(1) Précis du Droit int. § 24.

de la contrebande de guerre sur un navire neutre en mer territoriale, est celui qui régit la neutralité même.

En apportant, en effet, des armes à l'un des belligérants le neutre sort de l'état de neutralité si bien défini par Wolf (1). Et s'il sort de la neutralité il devient l'allié de l'un des belligérants et partant l'ennemi de l'autre. Il peut donc être traité en ennemi. Cependant ce traitement ne peut lui être appliqué dans le cas où la spéculation et non l'idée de prêter un secours à l'ennemi est le véritable but de son opération, ou s'il est saisi en mer territoriale seulement, et non pas en forçant la ligne de blocus.

Mais s'il a connaissance de l'état de blocus, en conséquence d'une notification officielle, et que malgré cela il s'obstine à rompre le blocus par la force ou par la ruse, ses navires peuvent légalement être confisqués avec la contrebande dont ils sont chargés. La conduite à tenir envers les navires neutres doit donc être en rapport avec la bonne ou la mauvaise foi qu'ils ont mis à faire parvenir la marchandise prohibée à un belligérant, à travers la ligne de son adversaire. En mer territoriale, dans l'ignorance de tout blocus et dans l'absence de tout acte d'hostilité ou de mauvaise foi, le navire neutre abandonnera seulement la marchandise prohibée au droit de préemption. Cette marchandise, si elle forme la totalité ou une partie de la cargaison, pourra être mise sous séquestre et le navire doit être alors relâché. Mais la capture du navire est inévitable et admise par le simple bon sens dans les cas suivants :

1° Si le navire est saisi au moment où il forçait la ligne de blocus et qu'il peut être convaincu d'avoir eu connaissance de l'état de blocus ; car il se trouverait être coupable de mauvaise foi et de violence ;

2° Si le navire est saisi au moment où il transportait le ma-

---

(1) *Neutrarum partium esse, neutri parti, belli causa favere* (Wolf, *Ius gentium* § 672.)

tériel de guerre ou les troupes de l'ennemi, ou s'il est prouvé qu'il a été loué pour le service des dépêches ou tout autre service militaire du belligérant ; car à raison de ce fait il pourrait, à juste titre, être considéré comme l'auxiliaire de l'ennemi ;

3o Si pour échapper au croiseur, pour approcher des côtes ou pour forcer le blocus, il emploie la violence, et dans un cas semblable il peut non seulement être capturé, mais détruit et coulé comme un véritable ennemi ;

4o Dans tous les cas où il est saisi en mer territoriale, chargé de contrebande de guerre et convaincu d'avoir falsifié ou altéré les papiers de bord.

En dehors de cas sus-mentionnés, le navire doit être relâché ainsi que les objets de commerce licite, ceux de commerce illicite pouvant être légitimement saisis ou séquestrés.

Le droit de capture ainsi limité se trouve être en parfait accord avec les idées de notre époque, car, comme l'a très bien dit Bluntschli, « la tendance générale du droit des gens moderne est de protéger et de garantir, autant que possible, même en temps de guerre, la propriété et l'activité privée. » (1)

Cela est vrai, car l'initiative et l'activité des individus à subentré à l'action des Etats, et d'autre part le but de la guerre n'est pas la spoliation, mais le traité de paix.

Quelques auteurs modernes, Heffter entre autres, (2) pensent que le navire, ainsi que la cargaison, quels que soient leur nature ou leur propriétaire, doivent être confisqués. Nous pensons le contraire : dans la pratique de tout droit le corps de délit seulement étant sujet à confiscation et non pas la

---

(1) Bluntschli. — Opinion sur la question de l'Allabama. — V. Revue de Droit International.

(2) Heffter. Le Droit Intern. § 154.

propriété des tiers. — Or, la contrebande étant le corps du délit, et le navire le moyen de transport aussi bien que le complice, doivent être les deux seuls objets de la capture ; les autres objets de commerce licite qui feraient partie de la cargaison devront être rendus à leur propriétaire. La raison est implicitement contenue non seulement dans le principe du respect de la propriété privée, mais encore dans celui du respect de la propriété neutre. Il est clair que la marchandise non prohibée qui se trouve à bord doit être respectée, car elle reste toujours la propriété privée des neutres. Ce principe était précédemment admis par la jurisprudence anglaise et américaine, qui permettaient aux propriétaires des marchandises de les réclamer moyennant qu'ils prouvassent leur non complicité dans le fait du navire, (1) mais une telle pratique est désormais primée par le principe du respect de la propriété neutre à bord du navire ennemi.

Si le navire neutre peut être capturé pour ce double fait de porter de la contrebande de guerre et de chercher à la faire parvenir par la ruse ou la force à l'ennemi, il est clair que le navire ennemi chargé de marchandise prohibée est capturé et confisqué par le simple fait de la visite. Là où pour le navire neutre peut encore exister le droit de préemption, pour le pavillon ennemi il n'y a que capture et confiscation. Si le premier s'est écarté de la ligne de neutralité, l'autre a renoncé au droit d'être considéré comme un navire de commerce paisible. Par le simple fait de la présence de la contrebande de guerre à bord du navire ennemi, ce dernier se trouve être converti en navire militaire, et peut être, par conséquent, traité selon les lois de la guerre. En acceptant de la contrebande, il a, en effet, renoncé à la profession paisible du commerce licite ; il est devenu l'auxiliaire de la puissance belligérante ; enfin l'individu paisible et inoffensif a été trouvé les armes à la main.

---

(1) Halleck XXIII — 36. — Oke Manning, p. 320. — Wildman, II, p. 200.

Dans de tels cas les nécessités de la guerre l'emportent, et il ne faut pas regretter la sévérité des conséquences d'une infraction pareille, car elle servira à maintenir le respect de la qualité de navire marchand et paisible, et ce respect sera d'autant plus grand que la répression sera plus forte si le navire venait à s'écarter de sa profession.

Par les raisons précitées, même à bord du navire ennemi les objets de commerce licites appartenant aux tiers, soit neutres, soit ennemis, doivent être rendus aux propriétaires, à moins que, par suite d'une résistance et d'un combat qui s'en serait suivi, le navire n'ait péri corps et biens.

L'auteur de cet écrit est loin de croire qu'il soit parvenu à résoudre les quatres questions qu'il a traitées. En élevant sa voix pour la défense des principes libéraux en fait de législation maritime il n'a fait qu'obéir à des convictions intimes ; il n'a eu d'autre but que celui de contribuer, selon ses faibles moyens, à la tâche que le savant ministre organisateur de l'Exposition Maritime de Naples avait confiée au Congrès.

Que chacun, selon ses forces, apporte sa pierre à l'édifice de la civilisation, c'est là une condition nécessaire du progrès!

Le Havre — Imp. Lepelletier

www.ingramcontent.com/pod-product-compliance
Ingram Content Group UK Ltd.
Pitfield, Milton Keynes, MK11 3LW, UK
UKHW021656260726
13994UKWH00003B/1498